妻の定年

家庭内男女共同参画の最終章

三浦清一郎 著

日本地域社会研究所

コミュニティ・ブックス

まえがき

男やもめの「家事」との戦い

妻が先立ち、男やもめとなった筆者のひとり暮らしは12年目に入りました。

いま、82歳と8カ月となり、運転免許証を返納して買い物や移動は電動自転車に頼っています。最寄りのスーパーまでは、片道10分ほどの距離ですが、雨の日はつらいものです。

加齢とともに、体力・視力・聴力が衰え、引きずられて気力が衰え、何をするにも、ある種の「億劫病」が頻発します。

じいさんの生きる戦いでの最大の課題は、延々と終わりのない家事労働です。

妻に先立たれた直後は、世間に対して「やってみせるぞ」「生きてみせるぞ」と張り切っていた気持ちが時間とともに次第に萎えて、やらなければならないことがあるのに、ときに「今日はやめよう」と先延ばしして、「家事の負担」に押しつぶされそうになっています。

心身衰弱で動きが鈍くなったじいさんは、ただでさえ食欲不振なのに、コンビニ弁当やインスタントの食い物で済ませることが多くなれば、次第に精神が荒んできます。

洗い物を放置し、テレビと小説とごろ寝で過ごしたりすると、たちまち精神の張りも気合いも失い、日常の生活リズムが崩壊します。

「崩壊」の第1段階は、物事に対する「前向きの姿勢」を失うことです。これを「ごろ寝半鬱状態」と名づけました。体力・気力が弛緩し、生い茂った庭の雑草を眺めながら、季節や自然に背を向けて、鬱々と楽しめない時間が始まります。

生活リズム崩壊の第2段階は、家事の手抜きをして、何とか保ってきた整理整頓の習慣までが崩れ、暮らしの規律が乱れます。

家事のつらさは、「くり返し」であること、終わりなく「連続している」こと、「評価や社会的承認」につながらず誰もほめてくれないこと、繰り返しの作業は「ほとんど没個性的である」ことなどでしょう。

こうした家事が女性だけに負わされているとしたら、女性は男性の召使いのような立場に置かれ、家事サービスを受ける男性との間に避けようのない支配関係が生じることになります。家庭内の男女共同参画が進んでいないことに対する女性の怒りは、当然なのです。

COOKING
BOOK

もくじ

1　オレに当たらないで！

ＮＨＫ文化研究所の意識調査によると、日本人男性も、ようやく家事の分担は「当然あるべきこと」と思う人が大勢を占めるようになりました。

この報告書は、２０１５年の刊行ですから、調査の実施時期はその1～2年前のことだったはずです。すでに10年近い時間がたちましたので、現在は、男性による家事分担の意識は、さらに進んでいると思われます。

ただし、当時の分析者の解説では、日本人の意識は変わっても――特に男性の考え方が変わっても、男性による家事の分担はまだまだ進んでいないという説明でした。

男性優位の価値観が「内助」概念を生み出したことを思えば、さもありなん、という感想です。

図書館に陳列された家事の参考書の大部分は、いかに家事を楽にするかという言わば「手抜き指南書」でした。その多くは、家事が少しでも楽になれば、いまよりは「楽になり」「楽しくなる」はずだという論理で書かれていました。「手抜き」を指南している以上、「家事が負担になっている」ことの裏返しだと思って読みました。

大多数の男性が家事分担に対する肯定的な意見を持つようになった以上、分担の実践に踏み出した事例も少しはあるだろうと想像して、図書館の司書さんに「男性による家事分担事例の書籍があるかどうか検索していただけますか」とお願いしてみました。

司書の女性は、筆者の依頼に対して何となく不機嫌な雰囲気でしたが、それでもコンピューターを叩いてくれました。検索結果は、「該当する書籍は本館にはありません」と出て、パソコン画面を私の前にまわしてくれました。司書さんは、もう一度厳しい一瞥をくれて、さらに一言。

「日本の男が家事を分担するなどという本があるはずはないですよ」と言うのです。その雰囲気に自分が責められた気分になって、オレに当たらなくてもいいだろうと思い、「そうだろうね。だから自分で書いてみようと思っているのですよ」

と言いました。

その時、もう一度、私を見上げた彼女の顔が、「何を寝ぼけたことを」と言ったような気がしたのは、じいさんのひがみでしょうね。

ムッとしましたが、「書いてみせるさ」と言いたかったところを飲み込んで、「お世話さま」とだけ言って書架に戻りました。

「ようし、書いてやるぞ」と、腹の底から執筆の気合いが湧いてきました。

開架書架で関連の参考書を探していたら、さっきの司書さんが来て、「一番大きいのはこの事典です」と言って、『家事のきほん新事典』（注1）を教えてくれました。オレに当たっていた訳じゃないんだ、と思い直して、あらためてお礼を言いました。

『家事のきほん新事典』は2014年発行。家事の効率的な進め方について、ありとあらゆることが図解入りで載っていました。男やもめのひとり暮らしにも大いに役立つことがありました。ただし、家庭内における男性の家事の分担についての記載はまったくありませんでした。

それが10年前の日本の「事典」の実態でした。

（注1）『この1冊ですべてがわかる！　家事のきほん新事典』藤原千秋監修、朝日新聞出版、2014年

2　妻の定年

専業主婦であった妻にとっては、夫が定年を迎えて帰宅し、家事の公平な分担を始める日が「妻の定年」の初日。もちろん、この初日が真の定年になっていくか否かは、その後の夫の家事の分担実践にかかっています。

一方、職に就いていた妻にとっては、共働きのどこかの時点で、夫が相応の家事の分担を引き受けたときが「妻の定年」の初日になります。こちらも夫の家事

の分担実践が続くかどうかをみなければ、真の定年につながるかどうかはわからない！

人間が生きている限り、買い物、調理、食事、入浴、睡眠、着替え、排泄、掃除、諸々の日常事務は間断なく続きます。これらすべてに家事労働が伴う。家事労働は人間が生きている限り終わらない永遠の宿題です。男が支配した筋肉文化は、この宿題を「内助」概念の中に閉じ込めて、その多くを、妻または母に背負わせてきました。それが家事の性別役割分業であったのです。家事を労働と認め、夫婦間の協働分担に移行することこそ家庭内男女共同参画の最終章であり、歴史上初めて「妻の定年」が確立することになります。

3　家事に押しつぶされる

心身衰弱で動きが鈍くなったじいさんの筆者は、ただでさえ、食欲不振なのに、コンビニ弁当やインスタントの食い物で済ませることが多くなれば、次に精神が荒んできます。

前書きにも書きましたが、洗い物を放置し、テレビと小説とごろ寝で過ごしたりすると、たちまち精神の張りも気合いも失い、日常の生活リズムが崩壊します。「崩壊」の第1段階は、家事に押しつぶされて、物事に対する「前向きの姿勢」を失うことです。これを「ごろ寝半鬱状態」と名づけました。体力・気力が弛緩し、季節や自然に背を向けて、鬱々と楽しめない時間が始まります。

第2段階は、家事から逃げて、整理整頓の習慣が崩れ、暮らしの規律が乱れます。

家事のつらさは、「くり返し」であること、終わりなく「連続している」こと、「評価や社会的承認」につながらず、誰もほめてくれないこと、繰り返しの作業は「ほとんど没個性的である」ことなどでしょう。

「ごろ寝半鬱」状態の中で、気が抜けて油断すると、男やもめの部屋には生活の必要品が無秩序に散乱し、「探し物」に右往左往する時間が増えます。家事の参考書には「『探しもの探偵』は止めなさい」という助言がありましたが、まさに、毎回自分のだらしなさに対して舌打ちしている筆者にとっては、言い得て妙の助言です。

「ごろ寝半鬱《ぶりょう》」状態を放置すれば、1週間で居間はゴミ屋敷の様相を呈し、精神は怠惰と無聊に食い殺されます。サルトルが指摘した高齢者の「自由の刑」がもたらす結果はまさにこういうことを指すのでしょう。老人の頽廃は立ち直るのに時間がかかります。家事はまことに負担ですが、億劫がって逃げていれば、さらに事態は悪くなります。

4 「ごろ寝半鬱」からの脱出法

精神の頽廃を脱出する方法は、ただ一つ。奮起して家事と戦うしかありません。人間が生きている限り、買い物、炊事、食事、入浴、掃除、洗濯、排泄、その他暮らしに必要な事務手続きは止むことなく、家事は間断なく遂行すべき不可欠事項です。

3度の飯は365日繰り返し、何もしなくても暮らしの汚れが堆積していく以上、後期高齢期の男やもめの日常は家事に支配されます。汚れ物やほこりがたまっていけば、洗濯も掃除もやらなければなりません。

筆者はたまりかねて、週に一度、シルバー人材センターの方に掃除だけはお願いしています。「地域包括センター」に打診してみましたが、まだ自分で動けるうちは介護保険に頼ることもできません。

いろいろな外部サービスが充実して世の中が便利になったとしても、よほど裕福でない限り、すべての家事を社会的サービスに任せることはできません。また、任せることができたとして、食事一つをとっても、仕出し弁当で日々の暮らしが満たされる保証もないでしょう。

男やもめに限らず、人間の暮らしは家事から逃げることはできません。とすれば、生きるために、筆者のようなじいさんも奮起して、家事と向き合い、逃避欲求や負荷に負けずに戦かわなければならないのです。

5 「内助」概念は家事を労働と認めてこなかった

（1）「家政婦（夫）派遣業」を考えれば、家事は明らかに労働であり、経済活動でもある

男やもめにとって間断なく降ってくる家事がつらいということは、長く家事を担ってきた女性にとっても同じようにつらいことでしょう。家事は紛うことなき終わりなき労働だからです。これまで男性優位の「筋肉文化」は性別役割分業を楯に、その家事を労働と認めず、経済活動と認めず、「内助」概念の枠内に留めてきました。

内助として家庭内の私的関係の枠に閉じ込められてきた家事は、妻または母の無給かつ無休の労働を意味し、夫や父はほとんど分担してきませんでした。内助として、ほぼ女性のみに課された家事は「不公平」「不平等」の極みでした。

同じ労働をしても、何ゆえ妻や母が担った家事は社会的評価の対象とされなかったのか。「妻に定年はないのか」という女性の問いは、家庭内において延々と続いた家事の不平等分担に抗議しているのです。

（2）延々と続いた「筋肉文化」

筋肉と心肺機能の働きに優れた男は、何万年にもわたって荒れ地を耕すのも、危険な狩猟も漁業も採集も、そして何より食料と、女性と子どもの安全を守る戦いでも、暮らしの主役を務めてきました。生産と戦争を男の筋肉に頼った以上、男の支配体制は不可避・必然であり、男性優位の文化が人類を支配しました。

筆者は、この支配体制を「筋肉文化」と命名し、男女共同参画を論じるときのキーワードとしてきました。

文明の進化による労働と戦争の機械化・自動化が実現しなかったならば、筋肉文化による男の支配は、いまも変わらずに続いていたことでしょう。労働と戦いにおける男女の「筋力差」が文明の利器によって、事実上、解消されるまで、人類史における「男の支配」は必然だったのです。

男性支配による私有財産の発生を論じ、婚姻と家族の変遷を女性の解放に結びつけて論じたのはエンゲルスです（注2）。

労働と戦争における男性の女性に対する優位は決定的であり、財産は父から息子へ相続されるようになります。それが「父系相続制」です。エンゲルスはこのことを「母権の転覆」と呼び、ここから女性の男性への隷属が始まったと激しい言葉で指摘しています。かくして、必然的に女性の家事労働は男性への被支配的奉仕に変っていきました。

（注2）『家族・私有財産・国家の起源』フリードリッヒ・エンゲルス著、戸原四郎訳、岩波文庫、1965年

（3）「男性支配の文化」をつくった男の筋肉

「男女共同参画社会」の最大の推進力は、労働や戦争における男女の「筋肉」機能の差が実質的に極小になったことです。筋肉差を解消したのは、文明の進化による道具の自動化と機械化です。それは男女の筋肉差の「社会的意味の消滅」を意味しました。生物学的性差である男女の「筋力」「心肺機能」の違いは、いまも変わってはいませんが、文明の進化は実際的な社会生活上の男女の能力差をほとんど消滅させました。

この事実を抜きにして男女平等の具体化と根本的転換はあり得なかったのです。道具の機械化や自動化が、労働や戦争における「筋力差」を事実上解消するまで、宗教も、哲学も、社会主義革命のイデオロギーも、近代主義も、経済主義も、どれ一つとして本気で男女共同参画を実現しようとは「発想」しなかったのです。

それゆえ、「筋力差」「心肺機能」の男女差が、事実上解消したという文明上の進化がなかったとすれば、女性の自立や社会参画についての既存の思想や運動も生まれなかったと言って過言ではないでしょう。

換言すれば、未開文明の時代には、男の筋肉・心肺機能の働きが労働と戦争を支配し、時代を支配したのです。

当然、生活のあらゆる分野で、圧倒的に男が優位を保った時代が何百年、何千年と長く続きました。それが「筋肉文化」であり、「男支配の文化」です。「筋肉文化」は、開墾、狩猟、漁業、採集、戦いに発し、やがて社会の進化とともに、軍事と農林漁業が組織化され、順次、商業、工業、サービス業等々にまで拡散して、社会的組織および男性支配の文化となっていったのです。

もちろん、この間、女性が内助に専念したおかげで、男性は生きるための戦いの前面に立って奮闘することができました。

また、家族が団結し、女性の内助にこたえて、男性が身体を張ってがんばったことも確かでしょう。男性が危険を顧みず、苦労を厭わず、家族の生存の前面に立ったのは、道具が貧しかった未開の時代に限りません。この現代においても、長時間労働や非正規雇用の厳しい条件の中で家族のために奮闘しているのは周知の通りです。

過去、何万年にもわたって続いてきた「筋肉文化」の時代は、それこそ、男は荒れ地を耕し、狩猟をし、食糧や家族を略奪者から守るなど、命がけで〝働き〟ました。そういう夫や父を、女性と子どもは、日々の暮らしの中で見ていたはずです。それゆえ、おそらく、夫や父を敬い、感謝する気持ちが自然発生的に生まれ、家父長制的な人間関係や感情が生まれたことも想像しなければなりません。

さらに、男女の役割分業は、男性の側に、女性が家事・育児・介護などを通して生活を支えていることを意識させていたはずです。

未開の時代は、未開の時代なりに、お互い、自分の「性」にしかできない役割が単純、明快で、はっきりしていました。男性優位の「筋肉文化」といえども、単に女性を抑圧・支配していたのではなく、家族の生存のために、それぞれの「性」が分け持つ役割を全うするために家族の連帯と協働を意識していたことはまちがいないでしょう。

(4) 筋肉文化の偏見

筋肉文化は男の労働だけを社会的労働と認知しました。女性の家庭内労働は、「私的」であり、「奉仕」としてのみ認知したのです。唯一の例外は、「賃金」を払わねばならない奉公人や派遣家政婦(夫)のような外部労働力に頼った場合でした。それゆえ、竹信三恵子氏は、家事を「見えない労働」と呼んでいます(注1)。それほど家事労働は、日常の暮らしの中で不当に無視されてきたということです。この「見えない労働」は、場面が変わると「やって当たり前の無償の家事奉仕」に変わります。

東日本大震災の被災地でも避難所の家事はほとんどすべて女性たちが担ったそうですが、もちろん、彼女たちの働きに対する「対価」は支払われず、「無償」

でした。震災後の避難所の話ですから、自助ボランティアの活動として受け取られた一面も当然あったでしょう。

しかし一方、男性たちの多くは「がれき処理」などの労働に出ており、こちらには賃金が支払われたというのです（注2）。「家事」は、被災地の復興活動の中でも、「見えない労働」であり、「無視される経済活動」になっていたのです。

もちろん、女性はこうした不合理に気づいていました。しかし、表立っては、誰もほとんど不平を言わなかったのです。おそらくは「言わなかった」のではなく、「言えなかった」のではないでしょうか。

あらゆる会合場面で、男女の利害が対立したとき、「女は黙ってろ」と言う男が多かったことは男尊女卑の歴史が証明しています。

さらに、日本人の美学は「秘すれば花」（世阿弥）でしたから、不満があっても、自分の主張を抑えて我慢している女性が慎ましく、美しいとして、女性の意思表明を抑圧する文化がありました。

昭和の歌謡曲には、女性がグチも言わずに耐えて、ときには微笑んで、夫についていく、そんないじらしい様子を歌い、ヒットした曲も多いですね。何百回、何千回と流れてくるヒット曲に洗脳されて、不満でも、つらくても、言いたいことも言わずに、笑顔で耐えていた女性がいたことが想像されます。

（注1）『家事労働ハラスメント——生きづらさの根にあるもの』竹信三恵子著、岩波新書、2013年

（注2）右同　10頁

6　男の意識は変わったが、果たして家事労働の実践まで変わったのか

まえがきにも書きましたが、NHK放送文化研究所刊行の『現代日本人の意識構造』によると、「夫の家事」は、「するのが当然」という回答が9割に達したといいます。男性優位の家父長制を引きずってきた日本社会としては画期的な変化と言っていいでしょう。

この報告書は、出版が2015年ですから、あと2年で、実施以来10年になります。男女共同参画が国の基本方針となった以上、男性の家事分担を当然とする意識は、さらに進むと予想されます。問題は、意識の変容から、行動・実践への移行がどれくらい進むか、でしょう。この調査時点では、調査報告書をまとめた執筆者の分析によると、家事分担の意識は変わったとしても、男性の家事参加は

ほとんどできていないということでした。

このとき、意識調査に使われた質問は、次の通り、正反対の考え方を二つ並べてたずねたとありました。人々が後者を選んだということは、家事分担に関する意識の変化は歴然であったということです。

●質問

① 台所の手伝いや子どものお守りは、一家の主人である男子のすることではない

② 夫婦は互いに助け合うべきものだから、夫が台所の手伝いや子どものお守りをするのは当然である。

1973年には、「当然」とする回答は53％であったそうですが、40年後には、大多数となり、男女差もなくなったと報告されています。

問題は意識と行動の「落差」ですが、やはり想像したとおり、実際には、夫の家事分担時間は少ないという調査結果が出ています（注1）。

歴史が引きずってきた家父長制と筋肉文化は、男性を縛っていて、家庭内男女共同参画の実現はそう甘くないのです。

それでも老夫婦二人になった暮らしの中で、幸せに暮らす条件は、家事の分業がきちんとできている家庭であると辻川覚志氏は指摘しています（注2）。夫は、家事を学び、公平に分担し、自分の日常リズムが確立し、妻も喜んでくれているということで退職後の充実と満足を感じているというのです。

男女の家事分担を公平にすることこそ老後の幸せの重要条件と言っていいでしょう。

（注1）『現代日本人の意識構造』ＮＨＫ放送文化研究所編、ＮＨＫ出版、２０１５年、56〜59頁

（注2）『ふたり老後もこれで幸せ』辻川覚志、水曜社、２０１４年、113〜115頁

7　高齢社会の覚醒

（1）老後の家事の公平分担こそが、家庭内男女共同参画の最終章

家事労働を他の社会的労働と同等と認めず、「内助」に閉じ込めてきた日本文化は、高齢社会が到来して初めて、定年後の老夫婦の重大問題であることに気づきました。「内助」を固定化すれば、女性の加齢・老衰とともに、妻や母に対する「虐待」に近い強制労働に転化するからです。

それにもかかわらず、日本の男は、自分の定年退職後、引退後も、「内助」の発想を変えないまま、老いて衰えていく妻や母に家事労働を負わせていくのでしょうか。

加齢とともに夫婦の心身の機能が衰えていくので、家事労働の分担は老後の性別役割分業の核心的問題になります。このことはとりもなおさず、家庭内男女共同参画が実現するか、しないかの分岐点になるということです。

筆者のような独り者の日常は、単純に、家事との格闘が続くことになりますが、定年を迎えた夫が帰ってきて、家事労働を公平に分担しない場合、妻の身体的負担も、心理的負担も重大です。その重大さゆえに夫婦の確執は避けられません。

女性が詠んだ川柳に、「ストレスは仕事じゃないの　あんたなの」とありましたが、引退後も、「お茶」とか、「めし」「風呂」などと命令形で妻をこき使う夫がいるとすれば、彼はまさに家庭内のストレッサーになります。「夫原病」(注2)や「主人在宅ストレス症候群」(注3)の最大原因は、家事の共同分担に応じない、筋肉文化で生き続ける男たちにあることは明瞭なのです。

お互いの老いを思えば、男たちにも、事態の深刻さは当然わかるはずです。それゆえ、家に戻った男たちの守るべきことは、「自分の身のまわりのことは自分でやること」「家事の基本を身につけること」「家事労働は妻と公平に分担すること」です。

３６５日、延々と続いて終わりのない家事労働は誰にとってもつらいのです。「両親が子育てを分担することの最大のメリットは、いつでも選手交代できる人員をもう一人確保しておけることである」と斎藤美奈子氏は喝破していますが(注

5）、家事でも介護でも同じことがいえるでしょう。特に夫婦の高齢期は、お互いに心身が衰えるのですから、「協働」体制でなければ、乗り切れないはずです。男の家事参加は「おおごと」なのです。

この「おおごと」を「内助」という文化的概念の枠に閉じ込めて、指示・命令だけしている夫がいるとすれば、まさに家庭内暴力に近い虐待的行為と考えるべきでしょう。特に、老年期に妻の体力が衰えてきたときには、残酷極まりない虐待になるのです。福岡女性学研究会が編集した書籍のタイトルは、『性別役割分業は暴力である』となっていますが、家事を老いた妻にまかせて、自分は何もしない夫の無神経は正しく「暴力」に等しいのです（注1）。

もちろん、女性は見抜いています。伊藤雅子氏の『女のせりふ』には、「男の人ってタダのことはしないでしょ」とありました。言い換えれば、女はいつもタダのことばかりさせられてきたのです。それらは家事、育児、介護、看護など人間の暮らしの中で大事なことばかりです。「男社会は、こうした女性が引き受けてきた仕事を女性の天職、母性愛、果ては女のたしなみなどと美化、正当化してきた」（注2）というのです。その通りですね！

西嶋友子氏は、従来の性別役割分業説が「女性は家庭役割が本務」と言い続けてきたことによって、憲法27条が規定する「勤労の権利」を女性から奪ってきたと指摘しています。それは「女性の低賃金（男性の7割程度）に現われ、昇給の遅さに現われ、非正規雇用ではさらに低賃金に押さえられている」という現状をもたらしています。

女性を貶めた根源は、「子育ては女性の天職、扶養は男性の義務」というような性別役割分業が唱えてきた「常識」にあると指摘しています（注3）。そのような「常識」、確かに存在していましたね。その所為《しょい》かどうか、西嶋氏が引用している平成19年度版の男女共同参画白書のワークライフバランスの国際比較では、「家事・育児時間に占める男性の割合」は、欧米諸国がほぼ30％を超えているのに、日本は12・5％でした（注4）。日本社会では、そこで暮らしている男性が、そしてときには女性までもが、性別役割分業を当然としてきたということでしょう。

しかし、高齢社会が明らかにしたように、妻が歳をとって心身ともに衰えてきたとき、性別役割分業は正しく、「虐待」となり、「暴力」に転化するのです。

（注1）『性別役割分業は暴力である』福岡女性学研究会編、現代書館、２０１１年
（注2）『女のせりふ』伊藤雅子著、福音館書店、２０１４年、33頁
（注3）『性別役割分業は暴力である』福岡女性学研究会編〜より西嶋友子、34頁
（注4）同右〜より井上洋子、205頁
（注5）『物は言いよう』斎藤美奈子著、平凡社、２００４年、74頁

（2）言葉の本質

これも伊藤雅子氏の指摘から学んだことですが、普段なにげなく使っている女房役とか処女峰といった言葉は、「女は男の寝所として性的な男女の支配関係を暗示している」といいます（注1）。まったく気がつきませんでしたが、確かにその通りですね。

野球のピッチャーに対するキャッチャーを「女房役」などと呼ぶのも、受け身になるほうが女房役と呼ばれているのです。

特に、処女峰などは「征服される」ことを前程とした表現であり、無意識のう

ちに恐ろしい言葉の本質を表わしています。われわれはそれを当然としてこなかったでしょうか。

メディアが茶の間の時間を埋めるようになって以来、料理番組からの刷り込みも目立っています。女性を家事から身動きできなくした一つの要因は、「料理」と「愛情」をワンセットで結びつけた表現にあります。

「愛情豊かな料理をつくるのはお母さん」という言い方で多くの女性は食事の用意から逃げられなくなったはずです。こういう言い方は、NHKをはじめ民放の料理番組でも担当者の口を通して繰り返されてきました。「料理は愛情」という刷り込みで、妻や母は家庭料理に縛りつけられてきたということでしょう。

家事の分担を見直すためには、「『できない人』をつくらない」ことだと佐光紀子氏は指摘します。できる人が手を出し過ぎれば、「やれば、できる人」を「できない人」にしてしまうからです。日本の家事担当者が陥ってきた落とし穴ではなかったでしょうか（注2）。

筆者が男女共同参画の研究会に招かれたあと、帰宅して天気予報を見ようとして、テレビをつけたら、男女二人の歌手が現われて、「浪花恋しぐれ」（作詞：たかたかし、作曲：岡千秋）を歌いました。一番は、ご存じの通り、「芸のためなら、女房も泣かす、それがどうした文句があるか」という歌詞です。

文句あります!!

「妻が世に出る、亭主も泣かす、それがどうした文句があるか」と、逆の立場の歌も歌え、と怒鳴りました。次に、女性の歌手が歌う番になり、「そばに私がついてなければ、何もできないこの人やから」と歌いました。おまえがついてとやかく世話をやくからそいつは何もできないんだ!!と、もう一度怒鳴りました。

テレビの歌謡曲に文句を言っても仕方のないことですが、それにしても男女共同参画の研究会のあとでは、まったく腹の立つ歌です。

（注1）前掲書『女のせりふ』伊藤雅子著、福音館書店、2014年、173頁
（注2）『もう「女の家事」はやめなさい――「飯炊き女」返上が家族を救う』佐光紀子、さくら舎、2019年、160〜161頁

8 「主婦業の削減」を提唱する

唐仁原《とうじんばら》けいこ氏は、「主婦業の削減」を宣言しました。理由は、単純にして明瞭です。家事も育児も仕事も全部を「真面目にやることは無理」だと考えたからです（注1）。では、削減の方法はどうするのかというと、「家族」を「チーム」と考え、暮らしの必要事項を分担する、というのです（注2）。

発想の原点はその通りだと思いますが、現状の日本の家族は、そう簡単にチームになれないし、主婦業を分担して、メンバーが分け持つことも簡単ではないでしょう。特に、従来の「内助」発想に慣れて、居心地のいい場所に座ってきた「夫」が最大の難問になります。

「言ってやらせるは、最も愚策」が彼女の結論ですが、じゃあ、どうするのか。彼女の提案のポイントは以下の通りです。

家族を動かしたければ、

①褒める
②感謝する
③自分の夢に乗ってもらう

の3点だと言います。要するに、ひとり一人が「主体的」にならなければ、「やらされ家事」が続くからです。

彼女は、「主婦の家事役割が減少していけば、家庭は円満になっていく」という幸福論を発見しています（注2）。家事の協働分担は、主婦の時間の回復に留まらず、家族の幸福につながっている、というのです。もちろん、家族のメンバーに主体的になってもらうには、重要な極意があります。家族の協力に変化が見えたら、先述した通り、「必ず感謝を伝える」のですが、そのとき、「ただありがとうと伝えるのではなく」、「具体的にそのメンバーがもたらした変化を名指ししてありがとうと伝える」のだそうです。自分の行為が具体的に感謝の対象にされたとき、相手は、自らの行動が主体的なっていくのだと指摘しています。おのれの進化を褒められて、嬉しく思わない人間はいないでしょうからね!!

「やらせよう、としないで、お願いする」、「子どもも頼られたら嬉しいから、やってくれるようになる」。「主婦業削減」は家庭内心理学実験にもなっているのです。

（注1）『主婦業9割削減宣言』唐仁原けいこ、中央公論新社、2021年、11頁
（註2）同右　51頁

9　日本の税制が犯した家事を貶めた罪

「家政婦（夫）派遣業」を考えれば、家事は他の労働と同等であることは明らか

です。当然、経済的活動の対象とすべきことも同等です。

ところが日本の税制は、「内助」概念に依拠して専業主婦である妻を「扶養家族」と認定してきました。扶養家族とは、「自分の収入で生計を同一とする家族」という意味ですから、家計を維持する夫に、家事を担当している妻を「養ってやっている」「食わしてやっている」という「錯覚」を生みます。

このことはとりもなおさず、家事労働を「労働」あるいは「経済活動」と認めてこなかったことを意味します。個々の夫に限らず、従来は、国家までもが、妻の家事労働を正当に労働あるいは経済活動に当たると認めてこなかったということです。

夫婦喧嘩の際に、男たちがときに、「食わしてやったことを忘れるな」と〝ほざく〟のも、明らかに、税制上の扶養家族概念が根底にあるからです。家族が生きるために働いたのは夫に限ったことではありません。

筆者のような男やもめの単身世帯ならともかく、妻の働きがなければ夫の仕事も家族の生活も維持できたはずはないのです。日本の税制は、妻の労働を内助概念に閉じ込め、家事労働を経済的評価の対象にしてこなかった重大な「犯罪的行為」を犯してきたのです。

10　妻の定年開始の日

男が家事を人間に負わされた宿命的な労働と認識し、その公平な分担を引き受けない限り、高齢社会の妻への不公平な負担が続きます。

したがって、夫が定年を迎えて、家に帰ってくる日は、老夫婦が家事労働を公平に分担する「開始日」です。この日は同時に、「内助労働を一身に引き受けてきた妻」の「定年」開始の日にすべきです。

11　なぜ家事はそんなにつらいのか

一体、家事はなぜそんなにつらいのでしょうか。現実に家事の大部分を分担している女性にとっても、その分担を回避してきた男性にとっても、理由は多岐にわたります。

ひとり暮らしを10年以上続けた高齢筆者が分析してみましたが、「筋肉文化」の特性を考慮し、実際の日常生活で必要な作業を勘案すればそれほど難しいことではありません。歴史的で観念的な理由から、実務上の具体的な理由まで男女両性が「家事」にこだわる理由は以下の通りです。

（1）男が為すべき重要な仕事ではない

未開の時代、「筋肉文化」は、男に「荒地の開墾」「狩猟」「危険な採集」「漁業」

「侵略者や略奪者との戦い」など筋肉や心肺機能の働きを必要とする仕事を分担させました。当然、男は社会の主導権を握り、暮らしの全面で、重要な役割はすべて男がするようになりました。男性支配の社会生活は、何百年・何千年と続き、つい最近まで、あるいは現在もまだ続いています。第1要因は「性別役割分業」です。「男子厨房に入るべからず」のように「家事は女性に任せよ」「男がすべき重要な仕事ではない」ということになったのです。

多くの男性はいまでもそう思っていることでしょう。だとすれば、女性が「ふざけるな」と思うのはもっともです。男性と対等な仕事をするようになった現代の女性が私生活の家事においてだけ女性を見下す発想に寛容でいられるはずはないのです。

(2)社会的評価の対象にならない

男社会は、明らかに、主として妻が分担した家庭内労働を、長い間、社会的評価の対象にしてきませんでした。先の税制上の「扶養家族」概念は、そうした男たちの発想と感覚を反映しているに違いありません。

税法上の「扶養家族」概念は、夫が「妻（家族）を食わせてきた」ということを強調し、反対に、妻の家事労働を社会的に評価する視点を完全に無視してきたのです。法を制定した関係者も、一般の男たちも、妻の貢献に気がついていなかったわけではありません。妻の家事労働による貢献を承知の上で、無視してきたのです。

このように筋肉文化の男たちは確信犯です。家族が分担する家庭内労働は、長い間、社会的評価の対象になりませんでした。しかし、「扶養家族」概念に異議を唱えてきた女性の主張が通って、「家政」は明らかに外部労働と同等のものとして認知されるようになってきました。

「家政婦（夫）」に代表される職業もすでに長い歴史があります。高齢社会に入って、家事の派遣業務はますます注目すべき職種になりつつあります。家族による家事を「社会的評価の対象にならない」として経済行為から除外する考え方は「内助」という表現に代表されてきました。「内助の功」は久しく男性が都合よく使用してきた概念です。しかし、いまや、法律上の取り扱いが変わり、「内助」は「外助」と同等として認知されました。

具体的には、熟年離婚時の「夫の年金」の「分割」が妻に保障されるなど「社会的評価の対象」になったのです。定年後の男性が家事を正当に評価しないことは女性の労働と貢献を正当に評価しないことです。「妻に定年はないのか！」という女性の側からの指摘は、家事労働の社会的意味を理解しない男性に対する精一杯の皮肉なのです。

このような背景を前程とした提案だと思われますが、佐光紀子氏は、『もう「女の家事」はやめなさい』という本を出版しています。

彼女の趣旨は、「女性は家事を抱え込み過ぎて、疲れ切っている。家族に分担して任せ、自分がいなくても、家族生活が回るようにするべきである」「家族の笑顔を自分が支えるのではなく、笑顔の家族の一員になりなさい」という提案です。氏は、このことを「良妻賢母の家事から抜け出す」と表現しています（注1）。

また、アメリカ人女性の指摘を受けて、「日本の女性は結婚すると妻ではなく、母になってしまい、家庭を仕切ってしまう」、結局、「父親は、家事はもちろん、家庭を築くことにも関わらないまま、家事協働年齢ゼロ歳児のままに留まってしまう」と指摘しています（注2）。それだけ日本の男性が置かれた労働環境が過酷で、労働時間が長過ぎたという背景もあったことを認めなければなりませんが……。

（注1）前掲書『もう「女の家事」はやめなさい――「飯炊き女」返上が家族を救う』佐光紀子、さくら舎、2019年、5頁

（注2）同右、148〜150頁

（3）「個性」や「創造性」を発揮する余地が少ない

家事の大部分は日常の繰り返しです。それゆえ、慣れてしまえば、家事の大部分に「個性」や「創造性」の余地がないと言っても誤りではないかもしれません。お昼をお茶漬けで済ませたり、玄関を掃いたり、ゴミを出したりすることに特別な能力はいらないでしょう。

しかし、「だから男性の仕事ではない」ということでは女性もだまって聞いて

はいられないでしょう。日常のルーティンワークすべてに当てはまるのですが、必要であっても「繰り返し」で「退屈」、不可欠であっても「汚く」て「つらい」というような業務は、英語で「Dirty Work」と言います。欧米の先進国はダーティーワークを安い賃金で、外国人労働者に請け負わせることが常でした。これからもその風潮は続くでしょうが、やがて開発途上国の生活水準が上がっていけば、そうした「ダーティーワーク分業」もできなくなる時代がきます。そのときのことを考えてみれば、みんなで分け合って「退屈」や「つらさ」を協働作業にするしか方法はないのです。

家族の中も同じでしょう。それが家事の「協働分担」です。家族の「協働分担」ができなければ、必ず家族内の誰かに負担がかたよって、不満や怒りがその人に集積してしまうのです。

これからは労働分野においてもダーティーワークだからこそ余分なお金を支払うことが常識になる時代がくると思います。経済学の視点からみても、妻や母だけが家事の「ルーティン」を分担しなければならないのはアンフェアで不公平なのです。

（4）誰でもできる

家事は誰にでもできます。簡単な家事なら、教えれば、子どもにもできます。「だれでもできるのなら」「あなたにもできるでしょう」というのが女性の論理ではないでしょうか。特別パーティーのシェフは務まらなくても、料理も、炊事も、洗濯も少しの練習で日常のことは簡単にできるようになるのです。筆者も、家事の本から学んで・練習して・慣れて、ひとり暮らしを切り抜けています。だから、その気になれば、家事は誰にでもできるのです。だったら。公平性の観点から、男性による家事の協働分担もまた当然のことではないでしょうか。

（5）間断なく続く

家事の最大の問題は「間断なく続く」ということです。毎日、あるいは、いつかは、誰かが汚れた皿を洗わなければならないのです。定年後に男性の決まった社会的任務がなくなる以上、女性が男性に「間断なく続く」生きるための作業の分担を願うのは当然のことです。

「重いものを持って同じ道を繰り返し登らなければならないシジフォスの神話」のように、考えようによっては、家事は延々と繰り返されるつらい「罰」なのです。

人間が食うことと排泄を止めない限り、家事だけは死ぬまで続くのです。健康寿命がのびて、平均寿命ものびて、余暇時代が到来し、定年後の生涯時間が長くなった現在、間断なく続く家事の繰り返しが女性だけの分担であるとする根拠は男性にもみつからないでしょう。

(6)「奉仕する側」と「奉仕される側」に分かれる

家事はファミリー・サービス（奉仕）です。それゆえ、家事の分担が男女どちらか一方にかたよれば、片方は「奉仕する側」となり、他方は「奉仕を受ける側」になるのです。妻が自分のことに熱中している最中に突然〝めしはまだか〟などと言われて頭にくるのもわかろうというものです。おそらく、男性の側には長年、家の外で言うに言われぬ苦労をして家族を養ってきたという自負があり、「奉仕される側」に座ることは当然だと思っているのかもしれません。しかし、外部労働における男性の労苦の歴史が事実であったとしても、外部労働を支えたのは、自分でやったにせよ、配偶者がやってくれたにせよ、家事労働だったのです。

定年は外部労働の終わりです。ここからは「家事協働」の新しい歴史が始まるのです。まして、共働きで過ごしてきたご夫婦の場合は、男が家事を分担しなくてもいいという理由はまったくあり得ないでしょう。

「自分で時間を過ごせる活動を見つけて」と妻たちが言っているように、定年は「労働」から「活動」への「移行期」です。このとき、従来、家族を支配してきた性別役割分業は終わり、新しい家庭内協働が始まるのです。過去は過去、これからはこれからです。その思考法に夫がついていけないとき、妻にとっても夫にとっても、定年は地獄になるでしょう。

事実、多くの家事は面倒で、疲れるのです。だからこそ、家族全員がハッピーに暮らすためには、家事を協働分担することが必要なのだと佐光紀子氏は指摘します。家事の協働は、家族の幸福の条件であるというのです（注1）。にもかかわらず、多くの夫は家族の幸せの構図の中にいないと指摘しています。日本の女性は家庭をきちんとまわす責任を一人で負うべきではなく、他のメンバーと分担する練習を始めるべきだと主張しています（注2）。その分担の代表が夫であり、夫こそが問題なのです。その通りですね。

五藤隆介氏は、男の分担した家事労働をいちいち妻に報告するな、と忠告しています。やって当たり前のことを報告すれば、「誇っている」ように聞こえて、妻の機嫌が悪くなるのは当たり前じゃないかと警告しているのです。男の家事は、「妻を手伝う」のではありません。「妻と分担する」のです。わかり合えないのは、「夫婦って圧倒的に他人」だからだという指摘もありました（注3）。

日本の夫よ、ほめ言葉など求めないで、やるべきことは黙ってやれ、ということでしょう。「ほめられたい」と考えている間は、まだまだ日本の夫は未熟ですね。

（注1）『家事のワンオペ脱出術』佐光紀子、エックスナレッジ、２０１９年、23頁
（注2）同右、172頁
（注3）『フルオートでしか洗濯できない人の　男の家事』五藤隆介、秀和システム、２０１６年、148頁

12　分業の進化が家事を「外部労働」と認めた

少子・高齢社会では、各種社会的サービスが年々、進化・分業化されてきました。中でも、「家事」「家政」が「派遣業」の独立の分野と認められたとき、家事も明らかに、外部労働と同等のものとして認められました。

「家政婦（夫）」に代表される職業は、すでに長い歴史があり、家事の派遣業務は、疑いなく、他の労働と同等の現代の独立した経済活動の職種になったのです。

（1）「内助」というごまかし

独立した外部労働と同じ妻の働きを社会的評価の対象としなかったのは、男社会のごまかしでした。

それが「内助」という概念です。「内助」は「外助」とは異なると言いたかったのでしょうが、内容的に同じ労働を、呼び名を入れ替えて、あたかも労働でも、経済活動でもないかのように思わせようとするのは、疑いなく言葉によるごまかしです。「内助」概念こそは、女性の家事労働を労働と認めないために、男社会が好んで使ってきた概念でした。女性もまた「内助」概念に甘んじて、家事を外部労働と同等のものであるとして、明確な主張をしなかったところに「扶養家族」というような発想が税制の中に組み込まれてしまった背景があったと思われます。

（2）「内助」は「外助」と同等であると認定された

しかし、遅まきながら、ようやく法律上の取り扱いが変わりました。いまや、「内助」労働も、「外助」労働と同等として認知されました。妻の家事労働こそが、夫の日常を支えてきたのだから当たり前のことです。

これほど長い時間がかかったのは、男社会の感受性の鈍さと利己主義が原因です。普通の男は、「不公平」の実態はわかっていました。わかっていて、家事を分担しなかったのは、思いやりより利己主義がまさっていたからでしょう。筋肉文化では、制度上、女性に対する思いやりがまったく少な過ぎるのです。

（3）家事労働の社会的認知がもたらした結果

家事を労働として法律上認知したことで、具体的に、熟年離婚時の「夫の年金」の「分割」が妻に保障され、「社会的評価の対象」になりました。妻が夫の年金の根拠となった労働を分担してきたのですから、当然のことです。

家事を他の外部労働と同等であると認知した法律上の決定は、定年後に家事の公平な分担をしない男は、間接的・倫理的に「法に反している」と国家が認めたということを意味しています。もちろん、国家が認めたとしても、世間の男が家事をするようになるという保証はありません。

それゆえ、夫の定年後も妻だけが家事を背負い続けるという現状を改めるためには、たとえこれまでが専業主婦であったという場合でも、妻は「半分」だけ家事の義務を負うという「妻の定年日」を決めなければならないのです。

その日は家事の男女共同参画の開始日になり、老夫婦の家庭内男女共同参画の始まりの日になります。

13　妻の「定年日」

家事の共同分担を行なうということは、家庭内の男女共同参画の開始日になります。それは人生のどの時期であってもよいのですが、日本の現状に鑑みれば、夫が定年を迎えて家に帰る日が最も妥当であろうと思われます。したがって、妻の定年の開始日は「夫の定年日」と重なります。

夫婦共働きの家庭では、協議によって家事の共同分担を決めなければなりませんが、この場合でも、「男社会」の感性は、夫の仕事の重要度によって家事の分担率が異なるなどと言い出しかねません。

家事を「内助」と見下してきた男性社会では、「オレはお前が担当した家事などより、はるかに重要な仕事をしてきたんだ」などと言う男が出るかもしれないのです。「だから、オレの家事の分担を減らせ」とでも言うつもりでしょうが、夫の仕事と妻の家事労働のどちらが社会的により重要か、などの言い争いが始まりそうで頭の痛いことです。

「世間の評価はともかく、この世の労働に貴賎はない」と突っぱねるか、「私の存在がそんなに意味のないものだったら、なぜ別の人と暮さなかったの!? いまからでも遅くないわよ」とでも言ってみたらよいのです。現代は、多くの女性が、普通の男性より、専門的で重要な仕事を任されている時代です。

たまたま性別役割分業の故に、外で働いた夫は、妻が外で働いたら、どんな職業人になったかを一度考えてみるべきでしょう。

いずれにせよ、現状に鑑みれば、日本の夫たちが素直に家事の分担を始めるとは考えられません。国家が家庭内の家事分担に踏み込まない限り、個々の家庭の協議に任せていたのでは、夫の家事分担は、男女共同参画の幻想で終わることになるでしょう。

したがって、「妻の定年」構想も論理上のタテマエであって、幻想に終わることは覚悟しておかなくてはなりません。タテマエが現実化するためには、社会的圧力が男たちを動かすか、育児休暇の推進に見たように、国会等で法制度上、妻の定年をてこ入れする議論が必要になるでしょう。

真に「妻の定年」が実現するかどうかは、世論の動向や政治の動きにかかっているのです。

建前上は、夫の定年日をもって妻の定年の開始が始まるのが一番妥当と思われますが、真の「妻の定年」は、夫が家事労働を公平に分担するようになって初めて、成立する。「定年日」の始まりと「真の定年」とを混同してはなりません。

14 「家庭内の男女の平等」とは「家事の協働分担」を意味する

男女共同参画の諸問題は「変わってしまった女」と「変わりたくない男」が社会生活・共同生活のあらゆる場面で協議し、葛藤し、ときには激突することに起因しています。

女性は労働の機械化・自動化によって「筋肉機能の劣勢」から解放されました。「変わってしまった女」の「対等の自覚」の根本の理由は、もはや男と「筋肉の優劣」を競わなくてもいいという事実にあります。経験と研修を積んで、文明の利器を活用すればあらゆる面で男と互角に渡り合えるという事実も証明され、女性自身も男性との対等を確信したはずです。「男女雇用均等法」はその端緒でした。

他方、男性は人間の歴史が始まって以来、主役を続けてきた居心地のよい己の地位を手放したくありません。「変わりたくない男」の根本の理由がそこにあります。

それゆえ、図書館の棚に『妻への詫び状』というタイトルの本を見つけて思わず手に取りました。編集は「日経マスターズ」です。

「変わりたくない男」は、本当にこれまでの自分を妻に詫びて変わり得るのか、という疑問がわいたからです。詫びたあとに己の生活の何をどのように変えようとするのか。夫の「詫び状」の内容いかんでは男女共同参画の展望が開けると考えたからです。

夫婦間の男女共同参画に関する主要問題は、小難しいフェミニズムの哲学や社会システムのあり方ではなく、具体的な日常生活における「対等の原則」と「家事の公平分担のあり方」だからです。中でも男性にとっては、家事と育児の分業から協働へのプロセスが最も難しい実践の課題です。

夫の定年後はすでに育児は終っています。それゆえ、妻に詫びている夫たちが「家庭を顧みることがなかった」と過去形で語るとき、大方は「育児も家事も顧みることがなかった」ということと同義です。したがって、すでに「子育て」の苦労が終わった以上、妻が定年後の夫に望むことの大部分は、家事の共同分担に集中しています。いろいろ理屈をこねなくても、家事の共同分担こそが男女「対等の原則」の実践であり、「家庭内男女共同参画の最終章」だからです。

しかし、夫からの「詫び状」を読んでみると、その大部分は抽象的かつ情緒的なものでした。それゆえ、家事の公平分担を具体的に記述したものはほとんどありませんでした。抽象的、理論的な原理も大事ですが、それらの思想や方法を日常の実践に結びつけるのが家事の協働です。

「今まで家のことを顧みずにすまなかった」という夫の思いは極めて重要ですが、その反省の思いと同じ重さで日常の「家事の協働」に反映させることはさらに重要なのです。あらゆる理念は日常的な行為と行動に反映されて初めて、具体的な意味を持ちます。「詫び状」も「反省文」も、夫の日常行動を具体的に変えない限り、「空手形」に終わることは明らかです。その証拠に次のような調査結果があります。

日経BP社の調査によると、妻が定年後の夫に望んでいることは次のようなものでした。答えは複数回答の結果ですが、その上位を見てみると――（注）。

「身なりに気をつけること」（41・2％）
（自分で自分の）「時間を過ごすこと」（39・8％）
「掃除」（38・4％）
「炊事」（30・9％）
「ゴミ出し」（30・9％）
「洗濯」（18・4％）

上位2つは男性本人の自覚、自立の問題ですが、そのあとの4つがすべて「家事」であるところが重要です。男性の定年後に、家庭における「対等の原則」は、実質的にも、心理的にもすべて家事の実践に象徴されているのです。

（注）／日経BPコンサルティングの「調査モニターサービス」の登録者による複数回答（2004/5/27～6/8実施　日経BP社）

15 学校の家庭科は男女共修になったのに

中学の「技術・家庭」という科目は、1990年まで男女別学でした。1989年の学習指導要領改訂によって男女共修とされ、新学習指導要領への移行期間であった1990年度から男女共修となりました。最終的に文部省省内に設けられた「家庭科教育に関する検討会議」において、家庭科を男女同一課程に改めることで政治的に合意し、1993年（平成5年）に中学校で、1994年（平成6年）に高校で家庭科の男女必修化が実施されました。

一方、筆者は、図書館で『大人のための家庭科の教科書』を見つけたので、「男女共修」「男女共同分担」の提案があるかと思って読んでみました。ところが、「家庭科の教科書」と銘打ってあったにもかかわらず、他の家事の参考書と同じく、衣食住の技術論に終始した本でした。「技術論」ということは、いかに家事の負担を少なくするか、という「手抜きの指南書」だということです。

出版が２００７年でしたから、いまなら違う見解が聞けるのかもしれませんが、それにしても、学校の家庭科の男女共修の動きを知っていながら、いささか反応が遅過ぎるのではないかと残念でした（注１）。

折しも１９９９年には、日本で初めて、家事を代行する企業「ベアーズ」が誕生しています（注２）。すなわち、家事のアウトソーシングが始まり、家事の外部委託の発想が個々の家族に生まれ始めたのです。外部委託の前段には、男女の協働」「男女の公平分担」の模索があったはずだと想像したのですが、「大人の教科書」にはそのかけらも見当たりませんでした。もったいないことです。

（注１）『大人のための家庭科の教科書』全国消費生活相談員協会監修、ＰＨＰ研究所、２００７年

（注２）『ベアーズ式家事事典』ベアーズ監修、アスコム、２０２１年

＊裏表紙に、ベアーズは家事代行のパイオニアとして１９９９年に誕生したと記載されている。

16 「変わりたくない男」を育てたのはだれか

（1）「現代の踏み絵」

現代の若い女性はもはや男女共同参画を実践しない男を結婚の対象とは考えないでしょう。男性が、男女共同参画の感性を有しているか否かは、女性が結婚に踏み切るか否かを判断する「踏み絵」のようなものです。

したがって、男女が対等であることを感覚的に理解できない男にとって、今後、結婚することは極めて困難になるということです。

たとえば、農山漁村の後継者に対する「嫁不足」は、当該地方文化に著しく男女共同参画の感性が欠如している結果であり、第1次産業に従事してきた男たちが長く女性を軽んじてきた〝つけ〟なのです。

現代の日本において、筋肉文化の特性である男性主導、男性優遇の傾向が最も色濃く残っているのが農山漁村です。筋肉労働が主流である職種では、必然的に身体機能に優れた男性が主役になるので、あらゆる面で、「男性主導」「男性優遇」の傾向が強くなります。翻って、「女性の対等」「公平な女性の参画」が見過ごされる傾向が強くなります。

地域を仕切ってきた「年配の男たち」はそれが暮らしの伝統であり、地域のしきたりであると主張してきました。彼らこそが「変わりたくない男」のチャンピオンです。若い者の頭を抑え、あらゆる意志決定過程から女性を排除してきたことは顕著にみられる傾向です。

社会教育の大会で、そうした地域の彼らにお会いしてみると、当事者たちには、結婚難にせよ、少子化にせよ、現状の諸問題の原因が自分たちにあるという自覚がまったくないことがよくわかります。長く歴史の選択を潜り抜けてきた地方の伝統としきたりは、彼らにとって心地よく、絶対にまちがっていないと確信しているのです。ときには、男女平等や男女共同参画の思想にこそ問題があるのだという主張さえ聞こえてきます。

これらの人々には、筋肉文化の特性がすでに体質化し、もはや自分たちの発想を客観視できないほどに「文化の毒」がまわっているのです。

こうした地方においても、地方議員の選挙などを通して、若者や女性が主導権を握れば、農山漁村の文化は一気に変わるはずです。

事実は頑固です。いまのままでは、農業後継者の「嫁不足」は解消不能であり、農家のお嬢さんですら農家に嫁がない背景の事情を説明できないでしょう。農家のむすめも、その母も、自分たちを対等と認めようとしない〝筋肉文化〟に培われた農山漁業の伝統としきたりを断固拒否しているからです。

筋肉文化の論理は全国共通ですから、当然、程度の差こそあれ、都市の男たちの態度や感性も己を優越視する傾向に陥っていることは疑いありません。男を上にし、女を下に見る感性こそが、女性の「晩婚化」や「非婚化」を助長し、最終的に「少子化」にまでつながっているのです。男女共同参画の感性や思想の学習は、今後、男女が助け合って生きていこうとする際の男の「誓約書」のようなものです。あるいはまた、「変わってしまった女」が、「少子化」の防止に協力するか否かを決定する際に、「変わりたくない男」に突きつけた「現代の踏み絵」です。

（2）男女共同参画の「抵抗勢力」

家事の共同分担を拒否し、「晩婚化」「非婚化」「少子化」の原因をつくっているのが「変わりたくない男」です。「変わりたくない男」は自分たちが優遇されてきた居心地のいい場所にいて、そこから動こうとしません。彼らこそが日本の男女共同参画政策の最大の「抵抗勢力」です。したがって、家事の公平分担についても、男女共同参画の推進についても、最終的に、彼らを育ててきたのは誰かという問題にたどり着かざるを得ないのです。

総論の答は簡単です。「変わりたくない男」を育てたのは「変わりたくない男」が主導権を握ってきた文化である、と答えれば済むことでしょう。文化の再生産ということです。辻村みよ子氏は、「戦前の旧憲法下の女性が参政権もなく、前近代的（封建的）な「家制度」家父長制の下で、父や夫に対する従属的な地位にあったことについて改めて説明することはないであろう」と言っています。すなわち、制度と文化が女性を隷属させたというのです。

しかし、筋肉文化は明治憲法下に始まったわけではありません。江戸時代も、その前の時代も女性は、基本的に、男性に従属していたのです。それゆえ、明治憲法も、筋肉文化の〝常識〟を整理して法律の文言としただけです。

さらに続けて辻村氏は、「問題は1946年の現行憲法下で、個人の尊重と幸福追求権（13条）、法の下の平等（14条）、男女平等の普通選挙権（15条）、婚姻の自由、家庭における男女同権と個人の尊厳（24条）などが保障され、家制度も廃止されたあとの、戦後60年後の現状にある」と指摘しています（注1）。これもまた、法律と文化のギャップであり、建前と本音が分離していたという現象です。憲法の規定を具体化する下位法による実施規定（男女雇用均等法やDV法や男女共同参画社会基本法などがそれです）が存在せず、いまになって盛んに言われているポジティブ・アクションも取られたこともありませんでした。筋肉文化の発想が優先したのは当然だったのです。

しかし、人々の家族生活の記憶をたどってみれば、男性優位の時代環境の中でも、公平な父や、公平な兄は存在したのです。

総体としての時代は確かに、女性を見下し、彼女たちの意見や希望を考慮しませんでしたが、そうした時代でも、女性を対等に遇しないことは「アンフェア」だと考えていた男性がいたと家族の生活史が語っています。そういう男性が女性を後押しして、今日の男女共同参画の時代を開いたのだと思います。

（注1）『自治体と男女共同参画――政策と課題――』辻村みよ子、イマジン出版、２００５年、12頁

（3）「変わりたくない男」を育ててきたのは「母」である

「変わりたくない男」を育てた責任者については、制度と一線を画して、暮らしの日常の中で考える必要があります。日常の家事、育児の実態を見みれば、筋肉文化の性役割分業の枠組みの中で、好むと好まざるとにかかわらず、育児やしつけの主担当は「母」であったことはまちがいないのです。それゆえ、文化の再生産を担ってきた実行者は「母」であったという結論にたどり着かざるを得ません。

遙洋子氏はたまたま新幹線の中で会った障がい者への配慮もみせない、誠に無神経で、高慢な男への感想として次のように書いています（注）。

「男性が高慢に育つ裏には、数多くの女性のあきらめがある。冷遇への、不平等

への、幸せへの、そして自分の人生へのあきらめ……。女性のあきらめが多いほど、立派な高慢男が完成する。もし、どこかの時点で、妻が戦っていれば、もう少しマシな男性になったのではないか」

彼女の感想はほんの一部だけ正しく、大部分は間違っているでしょう。教育論を言うまでもなく、彼を育てたのは「母」です。そのような男と戦えば、妻はDVの対象になりかねません。

「妻の位置」「母の立場」が、「夫の位置」「父の立場」にくらべて〝アンフェア〟であると主張したのは当然女性です。既存の文化が規定した「性別役割分業」への異義申し立てがその根本にありました。しかし同時に、自立しているはずの「息子の嫁」に息子に仕えることを要求し、「嫁姑」の確執を引きずってきたのは「母」ではなかったでしょうか。

無数に存在する「嫁姑」問題の参考書には、息子を所有して、嫁と「戦い」続ける「母」の姿がはっきりと見えます。そうした「強い母」のもとで、母の支配と「親孝行」の建前のまえに立ちすくんでいる「夫」に、「マザコン」や「主体性の欠如」をみている嫁の何と多いことでしょうか。嫁姑問題は、自立しようとする「妻」から、息子への「服従」を要求する「母」への怒りや、いつまでも「母」の支配から自立できない「夫」への恨み節に満ちているのです。個の尊重を謳い、男女共同参画に賛同しながら、我が息子だけは「例外」として所有し、支配してきた張本人も「母」です。

男の子に家事や育児の分担をしつけることなく、既存の男の優越を教え続けた主役も「母」ではなかったでしょうか。しばしば巷間に聞くように、台所に立つ息子を「不甲斐ない」と断じ、妻に代わって子どもをおんぶしている息子に哀れをもようして「ため息をついている」のも母です。

それは母のジレンマと呼ぶべきものかもしれません。既存の文化が定義する「男らしい男」を育てることが、将来、自らの「女性という性」に敵対することになることは、近代の日本の母が等しく直面したジレンマだったのです。

多くの母が、社会的領域において男女の平等を主張しながら、私的領域においては「変わりたくない男」を育て続けました。公私の領域において自分を使い分けた母の矛盾は息子たちが男女共同参画の感性や思想を獲得する際の妨げになりました。母は家庭における息子の男女対等の感性の「社会化」にしくじり、まわりまわって「晩婚化」と「少子化」の結果責任を負うことになったのです。現代の母が、男女共同参画の理念を高く掲げれば掲げるほど、建て前と本音を使い分け、触れずにすまそうとしてきた姿勢に決別しなければなりません。家庭内の息子や嫁との人間関係にもそれぞれの新しい答えを出さなければならないときがきたのです。

多くの母は、外がどのように騒ごうと、「男女共同参画社会基本法」の法律までできようと、私的領域への男女共同参画思想の導入は可能な限り「延期」してきました。家庭内のもめごとは子どもを不幸にし、自分を不快にするからです。

しかし、時代の宿題を延期しようとすればするほど、矛盾は先鋭化します。子育てでも、家事でも、介護でも、男女が協働しなければ、「変わってしまった女」と「変わりたくない男」の衝突は不可避です。

母のジレンマとは、「母の不決断」がもたらす葛藤です。現代の母が「男女共同参画の母」とならない限り、息子を所有し続けることになります。そうなれば、嫁と姑の確執をますます助長することになります。

息子を所有し、家事から免責する発想に立ったときから「母のジレンマ」はすでに始まっていたのです。みずから時いた種だと言えば酷ですが、「母のジレンマ」には息子世代の結婚難や少子化に対する責任が含まれていることは否定できません。

「変わりたくない男」を育て、それを支える文化を再生産し続けた主役は、当然「筋肉文化」です。しかし、その中において「助演女優賞」の働きをしてしまったのは「母」でした。人生100年時代に突入して、「夫原病」や「主人在宅ストレス症候群」が明らかになった現在、向老期の母は、自らの夫婦関係にも新しい答えを出さなければならないのです。

「母」が男女共同参画の進展にブレーキをかけ続けた「助演女優」であると書きましたが、とはいえ、当時の女性に与えられた情報環境や男性優位文化の締めつけを思えば、彼女に他のどんな選択肢があっただろうかと、同情を禁じ得ません。

明治―大正―昭和と生きて、多くの女性には、仕事をしようにも、自分が就ける仕事も少なかっただろうし、いくつかの戦争もありました。

特に太平洋戦争後の日本を立て直していった主役は、やはり、男性のがんばりでした。そんな中で、「男女雇用均等法」も、「DV防止法」も、「男女共同参画社会基本法」もありませんでした。

多くの女性には、就業の機会も、社会参画の機会も制約されていたのです。彼女たちは、男性優位の社会に生きて、自分たちが置かれた状況に疑問を持つことができなかったかもしれないし、自立の選択肢も限られていたのです。「変わりたくない男」を育てた日常の実行者は疑いなく「母」ですが、外野席から冷たい批判に終始するだけでは酷だろうなともつくづく思うのです。

それでもやっと、時代は動きました。男女ともそれぞれに、「新しい生き方」を模索していい時代になりました。何が「新しい」のかを論じていい時代がきたのです。

「妻の定年」はその模索の始まりなのです。

（注）『働く女は敵ばかり』遥洋子、朝日新聞社、２００１年、231頁

17 「家事力」は「生活力」

妻たちは家事力を「生活力」と呼んでいます。

家事は退屈であろうがなかろうが、間断なく続き、家事を怠ればその日の生活が停滞するからです。したがって、家事を分担しない者は、「生活力」に貢献せず、日常の負担になるのは当然なのです。そしてこの「負担」は、心身両方のストレスになります。

定年後、家事を分担しない男は「ストレッサー」になるということです。家事における「奉仕」と「被奉仕」の関係を固定化すれば、日常の人間関係は、心情の面でも、作業量の面でも、支配と被支配の関係に転化し、主従の関係に転化し、家事をし続ける側の心理的孤立をもたらすことになります。

夫が定年で帰ってきた家庭の妻の健康に着目した黒川順夫《のぶお》氏は近年、一躍、時代の脚光を浴びました。「何もしない夫」「相も変わらぬ支配的な夫」「部下に対処すると同じように妻に対処する夫」などが妻の健康を著しく害していることを解明しました。指摘されてみれば当然のことですが、ストレッサーが家の中にいるということになるのです。

それが有名になった「主人在宅ストレス症候群」（注）です。

このストレスからもたらされる症状は、胃潰瘍、気管支ぜんそく、高血圧、慢性肝炎、脳梗塞、うつ状態などの症状になって現れると指摘されました。

家事を侮ってはいけないのです。家事の背景には男女の対等、夫婦の協働、終ることのない人生のルーティンにどう対処するかという課題が潜んでいるのです。

（注）『主人在宅ストレス症候群』黒川順夫、双葉社、１９９３年
＊『新「主人在宅ストレス症候群」』は２００５年

追記：関連の参考論文で「夫が自分と暮らしていることが死亡につながりやすい」（愛媛大、藤本弘一郎グループ、１９９６～１９９８の間、60～84歳、３０００人調査）があります。

18 「子どもよりも手がかかる」

問題の書『妻への詫び状』の後半は「妻たちの座談会」になっていました。妻たちの「言い分」で筆者の注目を引いたのは次のようなことでした。読者にもそれぞれの受け止め方がおありでしょうから、蛇足の解説はあえて省略します。

座談会のキーワードを妻の独り言のようにまとめたのは筆者の「文責」です。「　」の中は、座談会の中で、筆者がキーワードと受け止めた妻たちの発言です。

――妻の言い分――

定年後の夫は「子どもよりも手がかかる」のです。たまに疲れて、「家事から解放されたい」などと言おうものなら、彼は「激昂します」。夫の帰還は私が「自由を奪われる」ことと同じです。つくづく妻にも「定年が欲しい」と思うときがあります。

たまらないのは「大切にされて当然」という一方的な夫の思いです。私は大切にされなくてもいいのでしょうか。そのくせ彼は毎日「テレビとビールだけ」で過ごしています。皆さん、耐えられますか？　私には耐えられません。

要は「ひとりで時間を過ごせない」くせに、「妻が地獄を味わっていること」がわからないのです。妻をなんだと思っているのでしょうか。「会社のやり方を家でも通し」、「話し合いはまず通じません」。「考える回路がちがう」ので「不満が雪だるまみたいにふくらむ」のです。

「母親が子どもに手をかける」のと「同じ役割を求めている」のです。「どこへも行かない夫」は呆れたことに「オレが居ないと張り合いがないだろう」とのたまい、「ご飯はテーブルに湧いて出てくると思って」いて、「雨戸は自然にしまる」と考えているのです。その上、食事が気に入らないと「オレはこういう食生活だから」と言って譲りません。一番の関心事は「オレのメシ」なのです。

夫婦の中もお互いに「言わなきゃわからない」と本には書いてありますが、実際は、「言ってもわからない」のです。

筆者は男ですが、パートナーがこれでは、黒川順夫先生のご指摘を待つまでもなく、ストレスで妻も病気になるでしょうね。

19　外来の男女共同参画思考

日本にも確かに「女性解放」運動は存在しました。しかし、１９６０年代以降のアメリカのウーマンズ・リブ運動が巨大な力を持つまでは、政治の主たる課題にも、文化の主たる話題にもなりませんでした。

それゆえ、日本の男女共同参画問題の解説に使われる用語はほとんどアメリカ製です。

フェミニズムに始まって、「男女共同参画」に関わる主要な用語がほとんど皆カタカナ（外来語）であることは、日本の女性解放運動にとって象徴的です。土着の思想はほとんど存在せず、外来語の定着した訳語がつくれないのも、それらが日本の文化に内在する考え方ではなかったからでしょう。

男女共同参画に関する研修会に行くと、外来語が飛び交って辟易します。アファーマティブ・アクションも、ポジティブ・アクションも、ジェンダー・フリーも、ジェンダー・バイアスも、ジェンダー・ステレオタイプも、ファシリテーターも、エンパワーメントも、セクシャル・ハラスメントも、ドメスティック・バイオレンスもその一例です。活動家は外来語使用に麻痺していて、抵抗感はないようですが、これでは一般人には嫌われることでしょう。まして、「変わりたくない男」にはまったく通じません。活動家の熱意はわかりますが、外国かぶれとバカにされ、世間から〝浮いてしまう〟のはそのためです。

しかし、もちろん、問題の本質は、外国の影響が大きかったとか、「横文字」の用語が多いということではありません。日本の女性もまた、自立の意志を持ったということであり、外来の理念を借りてでも男女共同参画の改革を断行しなければならない状況に達したということです。しかし、社会の仕組みも、文化の価値観もおいそれとは変わりません。政治が実行し始めた男女共同参画の施策を契機として、「変わってしまった女」と「変わりたくない男」が正面衝突する条件が整ったということです。

20 国家フェミニズム

道具の機械化と自動化によって、ようやく世界は筋肉機能の制約から解放され始めました。当然、女性解放運動は、道具の自動化と平行して盛り上がってきました。筋肉文化が終焉を迎え始めたのです。しかし、どの国においても、個人においても、慣習化した文化や言動は頑固で、したたかで、思想と現実の間には、常に「タイム・ラッグ」が生じます。憲法では、はるか前に、男女平等の規定が謳われていましたが、実際には、戦後長い間、空文に近いものだったでしょう。それが思想と現実の「落差」であり、「時差」です。

道具の自動化や機械化の補助によって、「男のやれること」のほとんどは「女性もできること」が証明されたあとでも、男主導は変わらず、男優先も変わらず、男支配もなかなか変わりませんでした。憲法規定を補強する分野別の具体的規制法がなかったからです。

ようやく近年、女性の意志が強く働き、共感する男性の支援もあって筋肉文化を根底から覆す法律ができました。男女共同参画を推進する法律の制定は筋肉文化への国家権力の介入を意味します。地方の男女共同参画推進条例の制定の場合は、自治体権力の介入と呼んでいいでしょう。

法律の制定は国家権力の発動ですから、進藤久美子氏はこうした動きを「国家フェミニズム」と名づけました(注)。

男性と対等に女性の社会参画を支援する法律が次々と制定されました。最初は「男女雇用均等法」が制定され、その後、「男女雇用機会均等法」に改正。性別を理由とする差別の禁止や、婚姻や出産に対する差別防止などのため、次々に改正が加わり、平成9年には、職場における差別防止のための事業主（企業）の配慮義務が規定されたのです。さらに、包括的な「男女共同参画社会基本法」(平成11年)が成立し、追いかけるように「DV防止法」(平成13年)が制定されました。正式名称は、「配偶者からの暴力の防止及び被害者の保護等に関する法律」です。

これまで「私事」であり、「民事」であり、警察など国家権力が立ち入ろうとしなかった領域を法律で規制することになったのです。筋肉文化で見過ごされてきた従来の私的な暴力や人権侵害は、犯罪を構成する条件となり、「私事」のいくつかは、「私事」ではなく、「民事」もまた「民事」ではなくなったのです。

筆者は筋肉の優劣が社会のあり方、人間関係のあり方を決めた時代の仕組みや発想を「筋肉文化」と呼んできましたので、その限りでは国家が初めて女性を守るために、文化に介入したと言い代えてもいいでしょう。文化が価値の体系である以上、当然、政治性をもち、筋肉文化こそが男女共同参画施策を疎外する要因であると断定したのです。

政治が決断した背景には、文化自体が自己変革を遂げるのを待つ間に多くの女性が犠牲になり、社会の進化が停滞するという判断があったに相違ありません。文化でも、宗教でも、こと人間の基本的人権の侵害に関する限り、緊急な政治的解決を必要としないものはないということです。かくして、女性の安全と自由と対等を保証するため、男性の私的価値観に基づく言動や習慣の領域にまで法の規制が拡大したのです。しばらくは、法と文化の確執が続くと思わなければなりません。
（注）『ジェンダーで読む日本政治　歴史と政策』進藤久美子、有斐閣、２００４年、４頁

21　外部評価の対象になった

家族が分担する家庭内労働は、長い間、社会的評価の対象になりませんでした。筋肉文化は男の労働だけを社会的労働と認知してきたからです。女性の家庭内労働は「私的」であり、「奉仕」としてしか認知されませんでした。家庭内労働の中で、唯一、社会的労働と認知されたのは、「奉公人」や派遣家政婦のような外部労働力を導入した場合だけでした。

しかし、現代社会においては、「扶養家族」概念に異議を唱えてきた女性の主張を聞くまでもなく、「家政」は明らかに家事の外部化に伴って「社会的労働」であることが認知されるようになりました。「家政婦（夫）」に代表される職業もすでに長い歴史があります。家事・育児・介護の派遣業務は現代の注目すべき職種になりつつあります。

家族による家事を「社会的評価の対象にならない」として経済行為から除外す

る考え方は「内助」という表現に代表されてきました。「内助の功」は久しく男性支配の社会が好んで使用してきた概念です。

しかし、いまや、法律上の取り扱いが変わり、「内助」は「外助」と同等として認知されました。熟年離婚時の「夫の年金」の「分割」が妻に保障されるなど「社会的評価の対象」になったのです。

それゆえ、定年後の男性が家事を分担せず、家事のつらさと困難を正当に評価しないことは女性の労働と貢献を正当に評価しないことに通じているのです。

「妻に定年はないのか！」という女性の側からの指摘は、家事労働の社会的意味を理解しない男性に対する精一杯の皮肉なのです。

22 女性の沈黙

日本の男女共同参画が進まないのは、男性が女性を抑圧する仕組みと女性自身が自らを自己規制してきた文化の両面があります。

男尊女卑の制度面あるいは慣習面では、そもそも女性を「発言の場」に参加させなかったり、あるいは直接的に「女は引っ込んでろ」「女はだまってろ」と女性の発言を封じる場面が多かったことは周知の事実です。女性が意思決定の過程に参加できなければ、そもそも男女共同参画はあり得ないのです。

政府は2030年までに女性の管理職を30％にすると言っていますが、実現すれば、女性の声が大いに社会に届くようになるでしょう。しかし、社会の枢要なポストを占めている「変わりたくない男」がそう簡単に女性の登用を許すでしょうか。

次に問題なのは、女性の言動を規制している日本文化です。女性の多くは、男女平等や男女共同参画施策に対して沈黙してきたのです。

文化は、表現の価値や美意識を決定する「空気」であり、「作法」ですから、国民の言動に重大な影響を与えます。日本の文化は、相手の「察し」を大事にする間接表現の文化です。「直接的・あからさまに言うな」「自己主張はできるだけ控えよ」「表現の抑制こそが美しい」などとする「秘すれば花」と言われる文化です。この文化こそが女性に沈黙を強いたのです。

多くの女性が日本文化の期待に応えて「控えめな女性」「奥ゆかしい女性」「遠慮がちな女性」「従順な女性」「主張しない女性」を演じてきたはずです。まして や、社会生活の表舞台に立つことの少なかった日本女性は男性以上に自己主張を控えざるを得なかったことは想像に難くありません。

女性の沈黙は、女性の意志が社会に届かないことを意味します。主張が届かなければ、民主主義社会も対応のしようがなかったという部分もあったのではないでしょうか。

23 最後まで頼りにされ、最後に自分の頼る人はいない

～女性は家事労働から引退できない～

家事は女性の老後につきまとい、女性の自由時間を拘束しています。「無職の中高齢女性も仕事に就きたい」と望んでいる調査結果がありますが、現実は「中高齢女性は、家事・介護のアンペイド・ワークの主たる担当者」なのです。

したがって、仮に彼女たちが職に就けたとしても、男女の賃金格差は歴然たるものであり、また、年齢とともにその差が広がり、彼女たちの「現役時代の生活」が「年金額に反映して」、女性に二重の不利益をもたらしているのです。

使用者側は、育児や家事や介護のため、この年代の女性の労働はしばしば中断され、継続就労が困難であることが背景にあると言います。しかし、見方を変え

れば、日本の労働環境は、この年代の女性の家事や介護に支えられているということです。

女性は、最後までまわりに奉仕し、まわりから頼りにされ、最後には核家族化、介護の社会化の故に、自らの子どもですら、ときに自分の頼れる存在ではなくなっているのです。

無償の家事、介護労働に奉仕して生きた多くの女性は、老後の暮らしに対する準備が不十分なこともあって、心身共に老いたあとの自立が難しいのです。

結果的に、特別養護老人ホームの入所者の多くが女性であることは周知の事実であり、家族や男性の労働環境を支えた女性の多くが、人生の最後を国が準備した社会福祉施設で生きているのです。

24 働くとは「人のために動く」と書く

図書館の家事やひとり暮らしの参考書群の中に『利他のすすめ』という本を見つけました。分類が間違っているのではないか、と思いながら開いてみたら、働くとは、「人のために動くと書く」という表現が目に入って瞬時に「その通りだ」と納得しました。

さらに、「傍にいる人の役に立つ。それが生きる原点」であるという一文があって、「家庭内男女共同の原理はこれだ」と著者の提案に納得しました（注）。

「傍にいる人の役に立つ」という考えこそが暮らしに必要な役割をそれぞれに家族が分担するという家事協働の原点ではないかと思いました。この本の隣に『家事の花道』という本があったので、「傍にいる人の役に立つ」ことこそが「家事の花道」だと思ってこちらも開いてみました。ところが、こちらは他の家事論と同じく、家事をいかにうまく進めるかの技術論であって、家事協働のことは書いてありませんでした。今回、何十冊の家事に関する本を読みましたが、大半は家事の負担を減らすための技術書でした。著者の大部分は女性であり、家事の技術論から「妻の定年」は生まれません。発想の根本が違うのです。

終わりのない家事の負担がつらいのであれば、妻や母だけが受け持つのではなく、負担は家族が分け持たなければ、つらさは軽減できないでしょう。

「日本の男が、家事などやるわけはないじゃないですか」と司書さんが怒っていたように、男の家事分担を説いた本はないに等しいのです。家事の参考書群を読んで、改めて事態の深刻さを痛感しました。女性ですら家事の協働を提案している人は少ないのです。

幸運なことに最後にいい本に当たりました。家事本ではありませんでしたが、「働くとは、『人のために動く』と書く」「働くとは傍にいる人の役に立つことである。それが生きる原点」。

この姿勢こそが、家事協働の哲学です。

（注1）『利他のすすめ』大山泰弘、WAVE出版、2011年、81頁

あとがき
「家事男《かじお》」の誕生

家事に関するたくさんの参考書を参照したおかげで、男やもめの家事も以前よりはいろいろ工夫するようになりました。「家事の断捨離」をやりなさいという助言にもしたがって、食事調理の基本メニューを頭に入れて循環させています。洗濯は週1回、木曜の夜に風呂の残り湯を使ってやります。金曜日には、これも助言にしたがって、街のシルバー人材センターにお願いして、週1回だけ家の掃除をお願いしています。抜群の練達者が来てくださって、わずか2時間の間に、掃除はもちろん、洗濯物の整理から、流しの清掃までこなしてくれています。

何人かの著者が言うように「家事が楽になれば、家事が好きなる」とまではいきませんが、82歳の男やもめも、なんとか日々の家事をこなして暮らしています。

朝の散歩仲間のご夫婦のご主人が88歳の米寿を迎えて、自治体から1万円の祝い金が出たということでした。筆者と同い年の奥様から「三浦さん、目標ができましたよ。88までがんばりましょう」と言われました。

一瞬返事に詰まりました。老衰が進んでいるじいさんには、あと6年もの家事があるぞ！ じいさんの「家事いくさ」は、よほど工夫しなければ、身体がもつまいと思いながらも、「そうですね。がんばりましょう」とおこたえしました。

男性の家事分担については、今後、日本人の意識の変化に伴って、一気に進むのか、どうか。進めば「妻の定年」も実現します。

しかし、司書さんの怒りが象徴するように、家事に関する書籍は山ほど刊行されていても、男性の家事分担については、ほとんど書かれていないのが現状です。多くの女性著者は家事分担の重要性について、気づいていているはずです。しかし、わかっていても、書かなかったし、書けなかったのでしょう。文中、引用したとおり、「性別役割分業」の長い歴史がつくりあげてきた「暴力」（福岡女性学研究会）の抑止力は一筋縄ではいかないということです。

何十冊もの家事参考書を読みましたが、筆者が学んだのは、結局、男やもめの家事は、自分が請け負って戦うしかなく、だったらできるだけ荷を軽くするため、「手抜き家事」「いい加減家事」「やっつけ家事」を学ぼうという結論になりました（注1）。それが高齢男やもめのサバイバル戦略です。

「家事をきちんとやり遂げたあと、清潔で、整頓された我が家を見るのが楽しみで、心のご褒美です」という真底、家事がお好きな方もいました。しかし、小生が体験し、学んだことは、終わりのない繰り返しの家事は、日々の仕事を停滞させ、つらくて重い罰のようなものだということです。だから、家事は少なければ少ないほどありがたいのです、シルバーさんが来てくれる日は、幸せです。

そういう家事を女性だけに負わせてきたのは、どう考えても、不公平で、フェアではないでしょう。日本の男性は、いつ本気で家事を分担し、妻の定年を確立するでしょうか。家庭内男女共同参画の最終章が完成するか否かは、男の惻隠《そくいん》の情、すなわち正義感と感受性にかかっているのです。

それでも近年、「家事男《かじお》」が生まれたという本が出ました。大澤房之氏が編集し、阿部絢子氏が監修しています。「家事男」は、シンプルライフ、エコライフを目指し、家事に熟達して、自分のライフマネジメントができる男性を指します。阿部氏は新時代の女性が求めるのは、「家事のできる男性」と断言しています。なぜなら、暮らしのよしあしは男性の家事参加に委ねられているからだというのです（注2）。

ようやく、高齢期に温めてきた「家事論」を書くことができました。NHK放送文化研究所が刊行した「日本人の意識調査」調査のとおり、今回の著書は日本人の意識の変化が社会を動かし、時代が動いて書かせてくれたのだと思っています。

日本地域社会研究所の大泉洋子編集者から、家事の分担と男女共同参画の関係については、時代はまちがいなく動いているので、「あまり力まず、急ぎ過ぎず」と指摘を受けました。氏の助言に従い、再度の補筆・修正でバランスの取れた提案になったとすれば、大泉氏の助言のおかげです。末筆ながら御礼申し上げてあとがきとします。

（注1）『モノが減ると、家事も減る　家事の断捨離』やましたひでこ著、大和書房、2017年、204頁

（注2）『男子家事　料理・洗濯・掃除の新メソッド』大澤房之編集、阿部絢子監修、マガジンハウス、2009年、122〜123頁

2023年10月

三浦清一郎

著者紹介

三浦清一郎（みうら・せいいちろう）

月刊生涯学習通信「風の便り」編集長。国立社会教育研修所、文部省を経て福岡教育大学教授、この間フルブライト交換教授プログラムとして、米国シラキューズ大学（1980年）、北カロライナ州立大学（1988年）客員教授。福岡教育大学退職（1991年）と同時に、九州女子大学・九州共立大学副学長（1991年～）。1999年退職後、2000年三浦清一郎事務所を設立。主な著書に、『「変わってしまった女」と「変わりたくない男」——男女共同参画ノート』（学文社/2009年）、『老いてひとりを生き抜く』（2017年）、『「学びの縁」によるコミュニティの創造』（2018年）、『差別のない世の中へ』（2018年）、『高齢期の生き方カルタ』（2019年）、『子どもに豊かな放課後を——学童保育と学校を繋ぐ飯塚市の挑戦』（森本精造、大島まなとの共著/2019年）、『聞き書き自分史　未来へ繋ぐバトン』（渡辺いづみとの共著/2022年）、『「そんなサロンならいらない」高齢者サロンの意義と目的　老衰の抑制と自立支援の原理と方法』（渡辺いづみとの共著/2022年）、『教育こそ未来より先に動かなければならない～未来の必要Ⅱ～』（編著/2023年）、『格差こそが日本社会の病理』（2023年）などがある（以上、発行は日本地域社会研究所）。

妻《つま》の定年《ていねん》

2024年2月14日　第1刷発行

著　者　　三浦清一郎《みうらせいいちろう》
発行者　　落合英秋
発行所　　株式会社 日本地域社会研究所
〒167-0043　東京都杉並区上荻1-25-1
TEL　(03) 5397-1231（代表）
FAX　(03) 5397-1237
メールアドレス　tps@n-chiken.com
ホームページ　http://www.n-chiken.com
郵便振替口座　00150-1-41143
印刷所　　中央精版印刷株式会社

ISBN978-4-89022-309-1